BANQUE NATIONALE

DE LA

RÉPUBLIQUE D'HAÏTI

SOCIÉTÉ ANONYME

au Capital de VINGT MILLIONS de Francs

STATUTS

PARIS

IMPRIMERIE ET LIBRAIRIE CENTRALES DES CHEMINS DE FER

IMPRIMERIE CHAIX

SOCIÉTÉ ANONYME AU CAPITAL DE TROIS MILLIONS

Rue Bergère, 20

1911

BANQUE NATIONALE

DE LA

RÉPUBLIQUE D'HAÏTI

SOCIÉTÉ ANONYME

au Capital de **VINGT MILLIONS** de Francs

STATUTS

PARIS

IMPRIMERIE ET LIBRAIRIE CENTRALES DES CHEMINS DE FER

IMPRIMERIE CHAIX

SOCIÉTÉ ANONYME AU CAPITAL DE TROIS MILLIONS

Rue Bergère, 20

1911

BANQUE NATIONALE

DE LA

RÉPUBLIQUE D'HAÏTI

SOCIÉTÉ ANONYME

au Capital de VINGT MILLIONS de Francs

STATUTS

TITRE PREMIER

Formation de la Société. — Dénomination. Siège. — Durée.

ARTICLE PREMIER.

Il est formé par les présentes, entre les souscripteurs ou les propriétaires des actions ci-après créées et de celles qui pourront l'être ultérieurement, une Société anonyme dans les conditions déterminées par les lois des 24 juillet 1867, 1er août 1893 et 16 novembre 1903.

ART. 2.

La Société prend la dénomination de :

Banque Nationale de la République d'Haïti

Art. 3.

Le siège de la Société est à Paris. Il est établi, 14, rue Le Peletier. Il pourra être transféré en tout autre endroit de la même ville, par simple décision du Conseil d'administration.

L'établissement principal de la Banque sera à Port-au-Prince.

Elle pourra, d'accord avec le Gouvernement de la République d'Haïti, établir des succursales et agences partout où le besoin du service l'exigera.

Art. 4.

La Société aura une durée de soixante-quinze ans à partir de sa constitution définitive, sauf les cas de dissolution ou de prorogation prévus par les présents statuts.

TITRE II

Objet.

Art. 5.

SECTION I

La Banque accomplira toutes les opérations correspondant aux fonctions privilégiées que comporte la concession du Gouvernement de la République d'Haïti dont il va lui être fait apport et ce, dans les conditions prévues par ladite concession et notamment :

I. — La Banque aura le privilège exclusif d'émettre des billets au porteur, remboursables en espèces, à présentation, à Haïti.

Ces billets, considérés comme monnaie, auront cours légal avec force libératoire illimitée, dans toute l'étendue de la République d'Haïti et seront reçus dans toutes les caisses publiques.

La Banque devra avoir en caisse, en métallique ou valeurs assimilées au métallique, le tiers du montant des billets en circulation.

II. — La Banque donnera son concours au Gouvernement pour l'élaboration et l'application d'une loi relative à l'établissement d'une unité de monnaie nationale à base d'or et d'une monnaie divisionnaire, au retrait du papier-monnaie et, éventuellement, du nickel, et à la circulation des monnaies étrangères.

Elle sera chargée de l'émission de la nouvelle monnaie divisionnaire.

III. — La Banque sera, à titre exclusif, chargée du service de la Trésorerie de l'État, tant à l'intérieur qu'à l'extérieur. A ce titre, elle recevra à l'encaissement toutes les sommes revenant à l'État et notamment les droits de douane sur l'importation et l'exportation.

De même, elle effectuera tous les paiements pour le compte de l'État. y compris le service des intérêts et amortissements de la Dette publique.

IV. — La Banque recevra, après entente spéciale avec le Gouvernement, les consignations et les dépôts prescrits par l'Autorité administrative et judiciaire.

V. — La Banque pourra établir une Caisse d'épargne et effectuer toutes les opérations que comportera son fonctionnement.

SECTION II

La Banque aura en outre la faculté de réaliser toutes les opérations ordinaires d'une banque d'émission, de dépôts, de prêts, d'escompte, de prêts agricoles et, en général, toutes les opérations considérées comme rentrant dans le cadre habituel des affaires des maisons de banque et des Établissements de crédit.

La Société pourra réaliser cette partie de son objet de toutes les manières et suivant toutes les modalités qui lui paraîtront appropriées, sans aucune restriction, notamment en donnant son concours à tous particuliers et à toutes associations ou Sociétés déjà existantes ou en constituant, soit seule, soit en participation avec des tiers, toutes associations ou Sociétés nouvelles, sous quelque forme que ce soit, et en donnant ce concours suivant le mode qui lui conviendra, soit comme intermédiaire, soit par une intervention directe, soit par voie d'apport en nature ou de cession, soit par voie de souscription.

TITRE III

Apports.

Art. 6.

Il est fait apport à la présente Société par la Banque de l'Union Parisienne du bénéfice et des charges de la concession du privilège de la création et de l'exploitation d'une Banque nationale dans la République d'Haïti accordée par le Gouvernement de ce pays.

Comme conséquence de cet apport, la présente Société profitera de tous les droits et avantages résultant de la concession ci-dessus apportée et sera tenue d'en exécuter toutes les conditions et obligations. Le tout dans les termes de ladite concession.

En outre, l'apport qui précède est fait sous les autres conditions suivantes :

La présente Société sera tenue de prendre les lieu et place de la Banque Nationale d'Haïti, pour encaisser les recettes destinées au service des emprunts extérieurs actuels du Gouvernement d'Haïti et transmettre à qui de droit les recettes effectuées, le tout dans les conditions où ces services étaient effectués précédemment par la Banque Nationale d'Haïti.

Elle remplira éventuellement les fonctions ci-après spécifiées, se référant au service d'un emprunt autorisé en 1910 et qui doit être dénommé « *Emprunt Extérieur 5 0/0 or 1910* » que le Gouvernement de la République d'Haïti se propose d'émettre, savoir :

1° Elle prêtera ses guichets pour le paiement des coupons et des titres amortis ou remboursés ;

2° Elle encaissera, pendant toute la durée de l'emprunt, pour compte de qui de droit, les droits affectés à la garantie dudit emprunt ;

3° Elle remettra mensuellement à l'Établissement chargé du service de l'emprunt, le produit des encaissements effectués par elle, comme il est dit ci-dessus.

Si, trente jours avant chaque échéance, le produit de ces remises n'est pas suffisant pour assurer le service intégral de la semestrialité en cours, la présente Société, sur l'autorisation du Ministre des Finances, prélèvera par préférence, sur les fonds de l'État Haïtien déposés dans ses caisses, comme chargée du service de Trésorerie dudit État, les sommes nécessaires pour parfaire le service intégral de l'emprunt, et les remettra à l'Établissement chargé du service de l'emprunt.

La présente Société devant être chargée de tout le service de la Trésorerie de l'État Haïtien, elle recevra le versement des sommes revenant audit État sur le produit dudit Emprunt Extérieur 5 0/0 or 1910, au cas où cet emprunt serait réalisé, et les appliquera exclusivement et dans la mesure nécessaire pour chacun d'eux, aux emplois auxquels elles sont destinées.

Enfin, la présente Société sera tenue, comme condition dudit apport, d'effectuer le rachat des immeubles et aménagements à Haïti, appartenant à la Banque Nationale d'Haïti, moyennant un prix principal de 200.000 francs, payables comptant au moment de la réalisation de l'acte d'acquisition.

Comme contre-partie et comme condition de l'apport qui précède, il sera attribué à la Banque de l'Union Parisienne, les vingt mille parts bénéficiaires qui vont être créées ci-après sous l'article 8, et donnant droit chacune à un vingt millième de la part de bénéfices qui leur est réservée sous l'article 43 ci-après.

La Banque de l'Union Parisienne déclare que lesdites parts sont destinées à être remises par elle à la Banque Nationale d'Haïti à raison de la renonciation consentie par ladite Banque aux droits et privilèges qui lui avaient été concédés par le Gouvernement d'Haïti.

TITRE IV

Capital social. — Actions. — Parts bénéficiaires.

Art. 7.

Le capital de la Société est fixé à vingt millions de francs et divisé en quarante mille actions de cinq cents francs chacune à souscrire en numéraire.

Art. 8.

Il est en outre créé vingt mille parts bénéficiaires au porteur, sans valeur nominale, donnant droit chacune à un vingt millième de la portion de bénéfices attribuée à ces parts sous l'article 43 ci-après.

Ces vingt mille parts bénéficiaires recevront l'affectation mentionnée sous l'article 6 ci-dessus.

Les titres de ces parts seront extraits de livres à souches, numérotés de un à vingt mille, frappés du timbre de la Société et revêtus de la signature de deux Administrateurs ou d'un Administrateur et d'un délégué du Conseil. L'une des deux signatures peut être apposée au moyen d'une griffe.

Le droit de timbre sera supporté par la Société. Les autres impôts et taxes auxquels seront assujetties ces parts resteront à la charge des porteurs.

Les parts bénéficiaires ne confèrent aucun droit de propriété sur l'actif social, mais seulement un droit de partage dans les bénéfices annuels de la Société, alors même que sa durée serait prorogée.

Les porteurs de parts n'ont aucun droit de s'immiscer à ce titre dans les affaires sociales, ni d'assister aux Assemblées générales des actionnaires; ils doivent, pour l'exercice de leurs droits, s'en rapporter aux inventaires sociaux et aux décisions de l'Assemblée générale des Actionnaires, notamment pour la détermination des bénéfices distribués.

Ils ne peuvent s'opposer aux modifications qui seraient apportées aux statuts par l'Assemblée générale des Actionnaires.

Ils ne peuvent non plus s'opposer aux décisions souveraines de l'Assemblée générale des Actionnaires, notamment en cas de dissolution, de fusion ou cessions totales ou partielles.

Le nombre des parts bénéficiaires ne pourra être augmenté ni leur portion de bénéfices modifiée, sans l'approbation de la Société civile ou Association qui existera entre les porteurs de ces parts, comme il sera dit dans l'article 50 ci-après, pour mettre en commun et centraliser leurs droits et actions.

Toutefois, en cas d'augmentation du capital social, les porteurs de parts ne pourront s'opposer au prélèvement de l'intérêt ou premier dividende, simple ou cumulatif, pour le nouveau capital, non plus qu'aux avantages de toute nature qui pourraient être accordés aux actions de priorité, s'il en était créé.

La Société se réserve le droit de racheter à toute époque, après l'expiration de cinq années à compter de sa constitution, en une ou plusieurs fois, la totalité ou une partie des parts.

Pour déterminer le prix de rachat, on additionnera les bénéfices (impôts non déduits) distribués aux parts bénéficiaires pendant chacun des quatre plus forts exercices sur les cinq qui auront précédé celui où le rachat sera effectué, et l'on établira la moyenne de ces quatre exercices. Cette moyenne sera multipliée par vingt et le produit de cette multiplication formera le prix de rachat.

Le rachat pourra d'ailleurs s'effectuer à tout autre prix au-dessous de celui qui vient d'être déterminé, mais seulement avec le consentement préalable de la Société civile ou Association des porteurs de parts.

La délibération de l'Assemblée générale des Actionnaires décidant le rachat des parts de fondateurs sera publiée dans un journal d'annonces légales de Paris et dans *le*

Journal officiel d'Haïti, et ses effets remonteront au jour de l'ouverture de l'exercice social pendant le cours duquel le rachat aura été décidé.

S'il y a lieu à rachat partiel, les parts à racheter seront désignées par tirages au sort. Les numéros des parts désignées par le sort seront publiés dans un journal d'annonces légales de Paris et dans *le Journal officiel d'Haïti*.

La Société se réserve d'ailleurs le droit, à toute époque, de racheter des parts de gré à gré, sans que ce rachat soit soumis à l'approbation de l'Assemblée des porteurs de parts.

Les parts rachetées, de quelque manière que soit effectué ce rachat, seront annulées et il sera déduit, chaque année, des bénéfices attribués aux parts bénéficiaires par l'article 43 ci-après, la quotité de ces bénéfices afférente aux parts rachetées. La somme ainsi rendue libre appartiendra aux Actionnaires.

Les porteurs de parts feront obligatoirement partie, dans les termes indiqués à l'article 50, d'une Société civile dont les conditions seront arrêtées sous ledit article 50.

Art. 9.

Le montant des actions à souscrire, conformément à l'article 7 ci-dessus, est payable soit au siège social, soit en tout autre endroit indiqué par le Conseil d'administration, savoir :

Cent vingt-cinq francs lors de la souscription, et les trois cent soixante-quinze francs de surplus, en vertu de délibérations du Conseil d'administration qui fixeront l'importance des sommes à appeler, ainsi que les époques auxquelles les versements devront être effectués.

Les appels de versement auront lieu au moyen d'avis

insérés trente jours à l'avance dans un journal d'annonces légales de Paris et dans le *Journal Officiel de la République d'Haïti.*

ART. 10.

Le capital social pourra être ultérieurement augmenté, en une ou plusieurs fois, jusqu'à ce qu'il atteigne soixante millions de francs, en vertu d'une délibération de l'Assemblée générale extraordinaire, sur la proposition du Conseil d'administration, par la création d'actions, soit ordinaires, soit de priorité, en représentation soit d'apports en nature, soit de versements en numéraire, et aux prix et conditions qui seront déterminés par l'Assemblée générale.

Il pourra être aussi réduit, en une ou plusieurs fois, par l'Assemblée générale extraordinaire, sur la proposition du Conseil d'administration, pour quelque cause que ce soit et de quelque manière que ce soit, notamment au moyen du rachat d'actions, ou d'un échange de nouveaux titres, d'un nombre équivalent ou moindre, ayant ou non le même capital, avec ou sans soulte.

En cas d'augmentation du capital par l'émission d'actions payables en numéraire, les propriétaires d'actions antérieurement émises, à l'exception de ceux qui n'auraient pas effectué les versements exigibles, auront un droit de préférence à la souscription de la moitié des actions nouvelles, dans la proportion du nombre d'actions par eux possédées; ce droit ne sera, pour chaque émission, exercé qu'une fois; si, après l'exercice de ce droit unique sur la moitié pour laquelle le droit de préférence est accordé, il reste des actions non souscrites, ce solde sera mis à la disposition du Conseil d'administration dans les mêmes conditions que celles ci-après indiquées pour l'autre moitié de l'augmentation de capital.

L'autre moitié de l'augmentation de capital sera mise à la disposition du Conseil d'administration qui pourra prendre toutes dispositions qu'il jugera utiles pour assurer la souscription de ce solde.

Au cas où le Conseil d'administration n'userait pas de cette faculté, les actionnaires exerceront leur droit de souscription par préférence sur la totalité des actions à émettre.

Dans les cas ci-dessus, ceux des porteurs d'actions qui n'auraient pas un nombre suffisant de titres pour obtenir une action dans la nouvelle émission, pourront se réunir pour exercer leur droit, mais sans qu'il puisse jamais, de ce fait, résulter une souscription indivise.

Les conditions, les proportions, les formes et les délais dans lesquels le bénéfice des dispositions qui précèdent pourra être réclamé, seront réglés par le Conseil d'administration.

Art. 11.

En cas d'augmentation par l'émission d'actions payables en numéraire, l'Assemblée générale, sur la proposition du Conseil d'administration, fixera l'importance du premier versement à effectuer par les souscripteurs, ainsi que le lieu et les époques auxquels ce versement devra être fait, sans que, bien entendu, ledit versement puisse être inférieur au quart du montant nominal de l'action.

Le surplus sera versé conformément aux décisions du Conseil d'administration et les appels de versements auront lieu comme il est dit dans l'article 9 ci-dessus.

Art. 12.

A défaut par les Actionnaires d'effectuer à leurs échéances les versements exigibles, ils sont passibles d'un intérêt de retard de cinq pour cent (5 0/0) à compter du jour de l'exigibilité, sans qu'il soit besoin d'aucune demande en justice.

La Société peut, trente jours après avis inséré dans un journal d'annonces légales de Paris et dans le journal officiel de la République d'Haïti, faire vendre les actions non libérées des versements exigibles. Cette vente peut être faite, au choix de la Société, soit en masse, soit en détail; elle est faite en Bourse, par le ministère d'un agent de change, si les titres sont cotés, ou aux enchères publiques, par le ministère d'un notaire, s'ils ne le sont pas. Dans les deux cas, la vente s'opère aux risques et périls de l'actionnaire en retard, sans autorisation judiciaire ni autre mise en demeure que celle indiquée et aux prix et conditions stipulés par le Conseil d'administration.

Au moyen de cette vente, les titres antérieurement délivrés deviennent nuls de plein droit et il en est délivré de nouveaux aux acquéreurs, sous les mêmes numéros, comme libérés des versements dont le défaut aura motivé cette exécution.

Le prix de la vente, déduction faite des frais, est imputé dans les termes de droit sur ce qui est dû à la Société par l'actionnaire exproprié, lequel reste passible de la différence ou profite de l'excédent.

Tout titre qui ne porte pas mention régulière des versements exigibles cesse d'être admis à la négociation et au transfert.

Les mesures autorisées par le présent article ne font pas

obstacle à l'exercice simultané par la Société des moyens ordinaires de droit.

Art. 13.

Les actions sont nominatives jusqu'à leur entière libération.

Les titres des actions libérées sont nominatifs ou au porteur, au choix de l'actionnaire.

Les intérêts et dividendes de toute action, soit nominative, soit au porteur, sont valablement payés au porteur du titre nominatif ou du coupon.

Art. 14.

Les actions sont extraites de livres à souches, numérotées, frappées du timbre de la Société et revêtues de la signature de deux Administrateurs ou d'un Administrateur et d'un délégué du Conseil d'administration. L'une des signatures pourra être apposée au moyen d'une griffe.

Art. 15.

La propriété des actions nominatives est établie par une inscription sur les registres de la Société. A cet effet, une déclaration de transfert et une déclaration d'acceptation de transfert, signées l'une par le cédant et l'autre par le cessionnaire, seront remises à la Société.

La transmission ne s'opère, soit entre les parties, soit à l'égard de la Société, que par l'inscription du transfert faite conformément à ces déclarations sur les registres de la Société et signées par deux délégués du Conseil d'administration...

.. La cession des actions au porteur s'opère par la simple tradition du titre.

ART. 16.

Sauf les droits qui seraient accordés aux actions de priorité s'il en était créé, chaque action donne droit, dans la propriété de l'actif social et dans le partage des bénétices réservés aux Actionnaires, à une part proportionnelle au nombre des actions émises.

ART. 17.

Les droits et obligations attachés à l'action suivent le titre dans quelque main qu'il passe et la cession comprend tous les dividendes échus et à échoir, ainsi que la part éventuelle dans les fonds de réserve et de prévoyance.

La propriété d'une action emporte de plein droit adhésion aux Statuts de la Société et aux décisions de l'Assemblée générale.

Les Actionnaires ne sont engagés que jusqu'à concurrence du capital de chaque action; au delà, tout appel de fonds est interdit.

Les titulaires, les cessionnaires intermédiaires et les souscripteurs sont tenus solidairement du montant de l'action.

Tout souscripteur ou actionnaire qui a cédé son titre cesse, deux ans après la cession, d'être responsable des versements non encore appelés.

ART. 18.

Les actions sont indivisibles et la Société ne reconnaît qu'un seul propriétaire pour chaque action.

Tous les copropriétaires indivis d'une action ou tous les ayants droit à n'importe quel titre, même usufruitiers et nus propriétaires, sont tenus de se faire représenter auprès de la Société par une seule et même personne.

Les héritiers, représentants ou créanciers d'un actionnaire ne peuvent, sous aucun prétexte, provoquer l'apposition des scellés sur les biens et valeurs de la Société, en demander le partage ou la licitation, ni s'immiscer en aucune façon dans son administration ; ils sont tenus de s'en rapporter aux inventaires sociaux et aux délibérations de l'Assemblée générale.

TITRE V

Administration de la Société.

ART. 19.

La Société est administrée par un Conseil composé de cinq membres au moins et de douze membres au plus nommés par l'Assemblée générale.

Elle sera représentée à Port-au-Prince par un ou plusieurs Directeurs chargés de gérer son établissement principal.

Ce ou ces Directeurs seront désignés par le Conseil d'administration qui déterminera leurs pouvoirs et notifiera immédiatement leur nomination au Président de la République d'Haïti.

Le Conseil aura également le pouvoir d'instituer auprès de la direction, à Port-au-Prince, un Comité local d'escompte qui ne pourra s'occuper d'autres opérations que celles d'escompte.

Les membres de ce comité pourront être pris soit dans le sein du Conseil d'administration, soit en dehors.

Art. 20.

Les Administrateurs doivent être propriétaires chacun de cinquante actions pendant toute la durée de leurs fonctions.

Ces actions sont affectées en totalité à la garantie de tous les actes de la gestion, même de ceux qui seraient exclusivement personnels à l'un des Administrateurs ; elles sont nominatives, inaliénables, frappées d'un timbre indiquant l'inaliénabilité et déposées dans la caisse sociale.

Art. 21.

La durée des fonctions des Administrateurs est de six années, sauf l'effet de renouvellement partiel dont il va être parlé.

Le premier Conseil, qui sera nommé par l'Assemblée générale constitutive de la Société, restera en fonctions jusqu'à l'Assemblée générale ordinaire qui se réunira pour l'approbation des comptes de l'exercice clos le 31 décembre 1915, laquelle renouvellera le Conseil en entier.

A partir de cette date, le Conseil se renouvellera chaque année sur un nombre de membres tel que le renouvellement soit complet dans chaque période de six ans et se fasse aussi également que possible, suivant le nombre des Administrateurs.

Pour les premières applications de cette disposition, le sort indique l'ordre de sortie ; une fois le roulement établi, le renouvellement a lieu par ancienneté de nomination.

Tout membre sortant est rééligible.

En cas de vacances par décès ou toute autre cause, ainsi que dans le cas où le nombre de ses membres serait inférieur à douze, le Conseil peut pourvoir provisoirement au remplacement ou s'adjoindre de nouveaux membres, dans les limites de l'article 19 ci-dessus, sauf confirmation par la plus prochaine Assemblée générale.

L'Administrateur nommé en remplacement d'un autre ne demeure en fonctions que pendant le temps restant à courir de l'exercice de son prédécesseur.

Art. 22.

Chaque année le Conseil nomme parmi ses membres un Président et, s'il le juge convenable, un ou deux Vice-Présidents.

En cas d'absence du Président et des Vice-Présidents, le Conseil désigne celui de ses membres qui doit remplir les fonctions de Président.

Art. 23.

Le Conseil d'administration se réunit sur la convocation du Président aussi souvent que l'intérêt de la Société l'exige, soit au siège social, soit en tout autre endroit indiqué dans la lettre de convocation.

Tout Administrateur peut, par lettre ou par télégramme avec confirmation par lettre, donner pouvoir à un autre Administrateur à l'effet de voter en son lieu et place sur des questions déterminées.

Toutefois le mandataire ne peut avoir plus de deux voix, y compris la sienne.

Les Administrateurs peuvent aussi donner leur vote par

lettre ou par correspondance télégraphique avec confirmation par lettre.

Pour assurer la validité des délibérations, la présence effective de trois Administrateurs au moins est nécessaire et il faut, en outre, que le nombre total des Administrateurs présents, représentés ou votants soit au minimum de cinq.

Les décisions sont prises à la majorité absolue des membres présents, représentés ou votants. En cas de partage, la voix du Président de la séance est prépondérante.

La justification du nombre des Administrateurs en service résulte, vis-à-vis des tiers, de l'énonciation dans les délibérations des noms des Administrateurs présents, représentés ou votants et des noms des Administrateurs absents et non représentés.

Les délibérations du Conseil d'administration sont constatées par des procès-verbaux transcrits sur un registre tenu à cet effet au siège de la Société et signés par deux au moins des membres présents à la séance.

Les copies ou extraits de ces délibérations sont certifiés par un Administrateur.

Art. 24.

Le Conseil a les pouvoirs les plus étendus pour la gestion et l'administration des affaires de la Société.

Ces pouvoirs sont notamment les suivants :

Il représente la Société vis-à-vis de l'État d'Haïti et il est chargé notamment de l'exécution des opérations rentrant dans l'objet social ci-dessus défini ou qui sont imposés à la présente Société comme condition des apports à elle faits;

Il représente également la Société vis-à-vis de tous

autres États, de tous départements, communes, établissements publics ou privés et de tous tiers;

Il touche toutes les sommes dues à la Société, il effectue tous retraits de cautionnements en espèces ou autrement et en donne quittance et décharge;

Il fait et autorise toutes mainlevées de saisie mobilière ou immobilière, d'opposition ou d'inscription hypothécaire, ainsi que tous désistements de privilèges, hypothèques ou autres droits, actions et garanties, le tout avec ou sans paiement;

Il consent toutes antériorités;

Il autorise toutes instances judiciaires, soit en demandant, soit en défendant, ainsi que tous désistements; il traite, transige et compromet sur tous les intérêts de la Société;

Il représente la Société en justice et c'est à sa requête ou contre lui que doivent être intentées toutes actions judiciaires;

Il élit domicile partout où besoin est;

Il fixe les dépenses générales d'administration;

Il autorise tous achats d'immeubles, ainsi que toutes ventes et échanges d'immeubles appartenant à la Société;

Il ne pourra toutefois acquérir des immeubles en Haïti que pour les besoins de l'Administration de la Banque;

Il consent et accepte tous traités, marchés, soumissions et entreprises de travaux publics et particuliers à forfait ou autrement et contracte tous engagements et obligations.

Il statue sur les études, projets, plans et devis proposés pour l'exécution des travaux;

Il demande et accepte toutes concessions;

Il consent et accepte tous baux avec ou sans promesse de vente, fait toutes résiliations avec ou sans indemnité;

Il cède et achète tous biens et droits mobiliers et immobiliers;

Il peut déléguer et transporter toutes créances, tous loyers ou redevances échus ou à échoir, aux prix et conditions qu'il juge convenables;

Il autorise tous retraits, transferts, transports et aliénations de fonds, rentes, créances, biens et valeurs quelconques appartenant à la Société et ce avec ou sans garantie.

Il peut contracter tous emprunts de la manière, aux taux, charges et conditions qu'il juge convenables, soit ferme, soit par voie d'ouverture de crédit, soit autrement. Toutefois les emprunts sous forme de création d'obligations doivent être autorisés par l'Assemblée générale des actionnaires.

Il peut hypothéquer tous immeubles de la Société, consentir toutes antichrèses et délégations, donner tous gages nantissements et autres garanties mobilières et immobilières, de quelque nature qu'elles soient et consentir toutes subrogations avec ou sans garanties. De même, il peut accepter en paiement toutes annuités et délégations et accepter tous gages, hypothèques et autres garanties;

Il contracte toutes assurances et consent toutes délégations;

Il signe et accepte tous billets, traites, lettres de change endos et effets de commerce;

Il cautionne et avalise;

Il détermine les conditions de signature des endos et acquits d'effets de commerce ainsi que des mandats sur toutes Caisses publiques ou autres où se trouveraient des deniers ou valeurs appartenant à la Société;

Il autorise tous prêts, crédits et avances;

Il fixe le mode de libération des débiteurs de la Société, soit par annuités dont il fixe le nombre et la quotité, soit autrement;

Il consent toutes prorogations de délai;

Il règle la forme et les conditions des titres de toute nature, bons à vue, à ordre ou au porteur, bons à échéance fixe à émettre par la Société. Il peut prendre en toutes circonstances toutes les mesures qu'il jugera opportunes pour sauvegarder les valeurs appartenant à la Société ou déposées par des tiers. Il détermine les conditions auxquelles la Société reçoit des titres et des fonds en dépôt et en compte courant;

Il fonde et concourt à la fondation de toutes Sociétés, fait à des Sociétés constituées ou à constituer tous apports aux conditions qu'il juge convenables; il souscrit, achète et revend toutes actions, obligations, parts d'intérêts ou participations; il intéresse la Société dans toutes participations et tous syndicats;

Il fixe les conditions auxquelles la Société soumissionne, prend à sa charge et négocie tous emprunts publics ou autres, dans tous pays, ouvre les souscriptions et émissions décide toutes opérations financières, industrielles, commerciales et autres;

Il nomme et révoque tous mandataires, employés et agents, détermine leurs attributions, leurs traitements, salaires et gratifications, soit d'une manière fixe, soit autrement; il détermine les conditions de leur retraite ou de leur révocation;

Il remplit toutes formalités, notamment pour se conformer aux dispositions légales dans tous pays étrangers, envers les gouvernements et toutes administrations; il désigne notamment le ou les agents qui, d'après les lois de ces pays, devraient être chargés de représenter la Société auprès des autorités locales, d'exécuter les décisions du Conseil d'administration dont l'effet devrait se produire dans ces pays ou de veiller à leur exécution;

Ce ou ces agents pourront être les représentants de la Société dans ces pays et munis à cet effet de procurations constatant leurs qualités d'agents responsables;

Il fixe les dépenses générales d'administration ;

Il détermine le placement des fonds disponibles et règle l'emploi des réserves de toute nature ;

Il arrête les comptes qui doivent être soumis à l'Assemblée générale, fait un rapport sur les comptes et sur la situation des affaires sociales;

Il convoque les Assemblées générales ;

Il soumet à l'Assemblée générale extraordinaire les propositions de modifications ou additions aux présents Statuts et d'augmentation du fonds social, ainsi que les questions de prorogation, fusion ou dissolution anticipée de la Société;

Il propose la fixation des dividendes à répartir ;

Les pouvoirs ci-dessus conférés au Conseil d'administration sont énonciatifs et non limitatifs et laissent subsister dans leur entier les dispositions du paragraphe premier du présent article.

Art. 25.

Le Conseil peut confier à un Comité de direction composé de membres pris dans son sein, le soin de s'occuper spécialement de l'administration et des affaires courantes de la Société et lui déléguer tout ou partie de ses pouvoirs.

Il peut aussi déléguer tels de ses pouvoirs qu'il juge convenable à l'un ou plusieurs des Administrateurs.

Il détermine le traitement à allouer aux membres du Comité de Direction et aux Administrateurs ayant une délégation spéciale, ledit traitement à porter aux frais généraux.

Le Conseil peut aussi conférer à un ou plusieurs directeurs ou sous-directeurs ou fondés de pouvoirs, les pouvoirs qu'il juge utiles.

Il désignera le ou les directeurs qui, d'après l'article 19 ci-dessus, seront chargés d'administrer la Banque à Port-au-Prince, et déterminera leurs pouvoirs.

Il peut, en outre, conférer des pouvoirs à telle personne que bon lui semble, même étrangère à la Société, mais pour des objets déterminés.

Tous les actes engageant la Société vis-à-vis des tiers devront porter, soit les signatures de deux Administrateurs, soit celles d'un Administrateur et d'un mandataire nommé par le Conseil, soit enfin celles de deux mandataires également nommés par le Conseil.

Néanmoins le Conseil pourra, par délibérations spéciales, confier à un mandataire unique, la signature d'actes et traités déterminés.

De même le Conseil pourra désigner une ou plusieurs personnes agissant isolément pour acquitter et endosser les effets de commerce.

Art. 26.

Conformément à l'article 32 du Code de Commerce, les membres du Conseil d'administration ne contractent, à raison de leur gestion, aucune obligation personnelle; ils ne répondent que de l'exécution de leur mandat.

Art. 27.

Il est interdit aux Administrateurs de prendre ou de conserver un intérêt direct ou indirect dans une entreprise ou dans un marché fait avec la Société ou pour son compte, à moins qu'ils n'y soient autorisés par l'Assemblée générale, conformément à l'article 40 de la loi du 24 juillet 1867.

Les Administrateurs peuvent s'engager, conjointement avec la Société, envers les tiers et ils peuvent prendre une participation dans toute opération de la Société.

Art. 28.

Les Administrateurs reçoivent une allocation fixe dont l'importance, fixée par l'Assemblée générale, sera maintenue jusqu'à décision nouvelle.

Ils ont droit, en outre, à la part des bénéfices sociaux fixée ci-après sous l'article 43.

Le Conseil répartit entre ses membres, de la façon qu'il juge convenable, les avantages fixes et proportionnels ci-dessus indiqués.

TITRE VI

Contrôle du Gouvernement.

Art. 29.

Le Gouvernement Haïtien nommera, près de la Banque, un Commissaire spécial qui sera chargé de s'assurer de la stricte exécution des conditions de la concession, et dont les attributions seront étendues au contrôle de toutes les opérations du service de la Trésorerie.

Le Gouvernement pourra également nommer un ou plusieurs Commissaires-adjoints et un Commissaire spécial à Paris.

TITRE VII

Commissaires.

Art. 30.

Chaque année l'Assemblée générale confère les fonctions qui sont déterminées par les articles 32, 33 et 34 de la loi du 24 juillet 1867, à un ou plusieurs Commissaires, associés ou non, en fixant la rémunération à allouer à chacun d'eux. Cette rémunération restera maintenue jusqu'à décision contraire.

S'il est nommé plusieurs Commissaires, un seul d'entre eux pourra opérer en cas d'empêchement ou de décès du ou des autres.

TITRE VIII

Assemblées générales.

Art. 31.

L'Assemblée générale, régulièrement constituée, représente l'universalité des Actionnaires.

Les délibérations, prises conformément aux statuts obligent tous les Actionnaires, même absents, incapables ou dissidents.

Art. 32.

Chaque année, dans le semestre qui suit la clôture de l'exercice, il sera tenu une Assemblée générale.

L'Assemblée peut, en outre, être convoquée extraordinairement, soit par le Conseil d'administration, soit par le ou les Commissaires, dans les cas prévus par la loi.

Les réunions ont lieu à Paris, au siège social ou dans tout autre local indiqué par l'avis de convocation.

Les convocations doivent avoir lieu, trente jours au moins à l'avance, pour les Assemblées générales annuelles et vingt-cinq jours au moins à l'avance pour toutes les autres, par un avis inséré dans un des journaux d'annonces légales de Paris et dans le *Journal officiel* de la République d'Haïti.

Lorsque l'Assemblée doit être appelée à délibérer sur les objets prévus à l'article 40, l'avis de convocation doit l'indiquer.

Art. 33.

L'Assemblée générale se compose de tous les Actionnaires possédant au moins dix actions libérées des versements exigibles.

Tous propriétaires d'un nombre d'actions inférieur à dix peuvent se réunir pour former le nombre nécessaire et se faire représenter par l'un d'eux.

Nul ne peut se faire représenter aux Assemblées générales que par un mandataire actionnaire lui-même et membre de l'Assemblée. La forme des pouvoirs et le délai pour les produire seront déterminés par le Conseil d'administration.

Les Sociétés en nom collectifs sont valablement représentées par un de leurs membres ou fondés de pouvoirs permanents; les Sociétés en commandite par un de leurs gérants ou fondés de pouvoirs permanents; les Sociétés anonymes par un délégué pourvu d'une autorisation du Conseil d'administration; les femmes mariées sous tous les régimes autres que la séparation de biens par leurs maris, les mineurs ou interdits par leurs tuteurs; les nus propriétaires par les usufruitiers ou réciproquement; le tout, sans qu'il soit nécessaire que l'associé, le gérant ou leurs fondés de pouvoirs, le délégué du Conseil, le mari ou le tuteur soient personnellement actionnaires de la présente Société.

Art. 34.

Les propriétaires d'actions au porteur doivent, pour avoir le droit d'assister à l'Assemblée générale, déposer leurs titres dans les caisses désignées ou agréées par le Conseil d'administration, seize jours au moins avant l'époque fixée pour la réunion, pour les Assemblées ordinaires et dix jours au moins avant la réunion pour celles extraordinaires.

Les titulaires d'actions nominatives qui, n'ayant pas le nombre d'actions nécessaire, veulent user du droit de réunion ci-dessus prévu, doivent, dans les mêmes conditions, faire connaître au Conseil d'administration leur groupement et fournir leurs pouvoirs.

Il est remis à chaque déposant une carte d'admission à l'Assemblée générale; cette carte est nominative et personnelle.

Les propriétaires d'actions nominatives doivent, pour avoir le droit d'assister ou se faire représenter à l'Assemblée générale, être inscrits sur les registres de la Société seize jours au moins avant celui fixé pour la réunion s'il s'agit d'une Assemblée générale ordinaire, et dix jours au moins s'il s'agit d'une Assemblée générale extraordinaire.

Le dépôt des certificats de dépôt délivrés par des établissements de crédit, ou des maisons de banque agréées par le Conseil d'administration, pourra être admis.

Art. 35.

Quinze jours au moins avant la réunion de l'Assemblée générale, tout Actionnaire peut prendre, au siège social, communication de l'inventaire et de la liste des Actionnaires et se faire délivrer copie du bilan résumant l'inventaire et du rapport du ou des Commissaires.

Art. 36.

L'ordre du jour est arrêté par le Conseil d'administration.

Il n'y est porté que des propositions émanant du Conseil d'administration ou qui ont été communiquées au Conseil quinze jours au moins avant la convocation, avec la signature d'Actionnaires, ayant le droit d'assister à l'Assemblée, représentant au moins le quart du capital social.

Il ne peut être mis en délibération que les objets portés à l'ordre du jour.

Art. 37.

L'Assemblée générale est présidée par le Président ou l'un des Vice-Présidents du Conseil d'administration, ou, à leur défaut, par un Administrateur désigné par le Conseil.

Les deux Actionnaires présents et acceptant représentant le plus grand nombre d'actions, tant en leur nom que comme mandataires, sont appelés à remplir les fonctions de scrutateurs.

Le Bureau désigne le Secrétaire.

Les délibérations sont prises à la majorité des voix.

Chaque membre de l'Assemblée a autant de voix qu'il possède de fois dix actions, soit comme propriétaire, soit comme mandataire.

Le scrutin secret a lieu lorsqu'il est réclamé par les Actionnaires représentant le dixième au moins du capital social.

Art. 38.

Les Assemblées générales qui ont à délibérer dans des cas autres que ceux prévus aux articles 40 et 47 des statuts doivent être composées d'un nombre d'Actionnaires représentant le quart au moins du capital social,

Si une première Assemblée ne se réunit pas en nombre, il en est convoqué une deuxième et elle délibère valablement quelle que soit la portion du capital représentée, mais seulement sur les objets à l'ordre du jour de la première réunion.

Cette deuxième Assemblée doit avoir lieu à quinze jours d'intervalle au moins de la première; mais les convocations peuvent n'être faites que dix jours à l'avance et le Conseil d'administration détermine, pour le cas de cette deuxième convocation, le délai dans lequel les actions doivent être déposées pour donner le droit de faire partie de l'Assemblée.

Art. 39.

L'Assemblée générale annuelle entend les rapports du Conseil d'administration sur la situation de la Société, sur le bilan et sur les comptes, ainsi.que le rapport des Commissaire des comptes.

Elle discute et, s'il y a lieu, approuve les comptes; la délibération contenant l'approbation du bilan et des comptes est nulle si elle n'a été précédée du rapport du ou des Commissaires.

Sur la proposition du Conseil d'administration elle fixe les dividendes à répartir et éventuellement les affectations à faire aux réserves.

Elle élit les Administrateurs.

L'Assemblée annuelle ou des Assemblées composées de la même manière, peuvent autoriser tous emprunts par voie d'émission d'obligations, statuer souverainement sur toutes autorisations et tous pouvoirs à donner au Conseil d'administration et sur tous les intérêts de la Société, sauf les cas prévus à l'article 40 ci-après :

L'Assemblée générale annuelle peut être ordinaire et extraordinaire si elle réunit les conditions nécessaires.

Art. 40.

L'Assemblée générale peut, sur l'initiative du Conseil d'administration, apporter aux Statuts toutes modifications dont l'utilité serait reconnue.

Elle peut décider notamment :

L'augmentation du capital soit par voie d'apports, soit par souscriptions en espèces ;

La création et l'émission d'actions de priorité investies

du droit de participer, par préférence ou avant les autres actions, à la répartition des bénéfices ou au partage de l'actif social, ou à ces deux avantages ;

La modification des droits respectifs des actions des différentes catégories, mais sous réserve de l'acceptation par l'Assemblée spéciale des Actionnaires dont les droits auront été modifiés ;

La modification des droits des parts bénéficiaires sous réserve de l'approbation de la Société Civile ou Association qui sera ci-après formée entre les porteurs de ces parts pour mettre en commun et centraliser leurs droits et actions ;

Le rachat desdites parts bénéficiaires dans les conditions prévues sous l'article 8 ou dans toutes autres conditions, mais, dans ce dernier cas, moyennant l'approbation de la dite Société civile ;

La division du capital en actions d'un type autre que celui de cinq cents francs ;

L'amortissement du capital social ou sa réduction par voie de remboursement, rachat, échange, suppression d'actions ou autrement ;

La prorogation, la réduction de durée ou la dissolution anticipée de la Société, la fusion avec d'autres Sociétés constituées ou à constituer ou l'absorption de toutes Sociétés ; le transport ou la vente à tous tiers ou l'apport à toute Société de l'ensemble des biens, droits et obligations de la Société ;

Le changement de la dénomination de la Société ;

Les modifications peuvent aussi porter sur l'objet de la Société, notamment sur son extension ou sa restriction ; mais sans pouvoir le changer complètement ou l'altérer dans son essence ;

Dans ces divers cas l'Assemblée générale n'est régulièrement constituée et ne délibère valablement qu'autant qu'elle est composée d'nn nombre d'Actionnaires représentant, au minimum la portion du capital social qui sera exigée par la loi en vigueur au moment de la convocation de cette Assemblée et sauf en outre, s'il y a lieu, l'application du dernier paragraphe de l'article 34 du Code de Commerce, complété par la loi du 16 novembre 1903.

L'Assemblée est convoquée, composée, et délibère comme il est dit aux articles 32, 33 et 37 ci-dessus.

Au cas où, sur une première convocation, il n'aurait pas été réuni un nombre d'actions suffisant pour que l'Assemblée puisse délibérer, une seconde convocation pourra être faite, si le Conseil d'administration le juge utile et il pourra y appeler les porteurs même de cinq actions. Dans ce cas, chaque Actionnaire a autant de voix qu'il représente de fois cinq actions, soit comme propriétaire, soit comme mandataire.

Cette seconde Assemblée n'est elle-même régulièrement constituée que si les Actionnaires présents ou représentés constituent la portion ci-dessus indiquée du capital social.

<h2 style="text-align:center">ART. 41.</h2>

Les délibérations de l'Assemblée générale sont constatées par des procès-verbaux inscrits sur un registre spécial et signés par les membres du bureau.

Il est tenu une feuille de présence contenant les noms et domiciles des Actionnaires et le nombre d'actions dont chacun est propriétaire. Cette feuille, certifiée par le bureau de l'Assemblée, est déposée au siège social et doit être communiquée à tout requérant.

Les copies ou extraits, à produire en justice ou ailleurs, des délibérations de l'Assemblée générale, sont signés par

le Président ou le Vice-Président du Conseil d'administration ou par un Administrateur.

Après la dissolution de la Société et pendant la liquidation, ces copies ou extraits sont certifiés par les liquidateurs ou l'un d'eux.

TITRE IX

Comptes annuels.

Inventaires. — Fonds de réserve. — Dividendes.

ART. 42.

L'année sociale commence le premier janvier et finit le
trente-et-un décembre.

Le premier exercice comprendra, par exception, le
temps écoulé entre la constitution de la présente Société
et le trente-et-un décembre mil neuf cent-onze.

Il est dressé chaque semestre un état sommaire de la
situation active et passive de la Société et, au trente-et-un
décembre de chaque année, un inventaire général de
l'actif et du passif.

Cet inventaire, le hilan et le compte de profits et pertes
sont mis à la disposition du ou des commissaires quarante jours au plus tard avant l'Assemblée générale
annuelle.

Ils sont présentés à l'Assemblée générale qui a le droit
de les approuver ou d'en demander le redressement,
comme elle le jugera convenable.

ART. 43.

Les produits nets, déduction faite de toutes les charges
et amortissements constituent les bénéfices.

Sur ces bénéfices, il est prélevé :

1° Cinq pour cent pour constituer la réserve légale ;

2° La somme nécessaire pour servir aux Actionnaires cinq pour cent sur le montant des sommes dont les actions sont libérées et non amorties.

L'excédent sera réparti comme suit :

Dix pour cent au Conseil d'administration ;

Vingt-cinq pour cent aux parts bénéficiaires ;

Et soixante-cinq pour cent aux actions.

Toutefois, sur les soixante-cinq pour cent revenant aux actions, l'Assemblée générale pourra, sur la proposition du Conseil d'administration, décider tous reports à nouveau ainsi que le prélèvement des sommes destinées à la création de fonds de réserve supplémentaires et de prévoyance dont elle fixera le montant et dont elle restera absolument libre de déterminer l'affectation ou même de décider la distribution ultérieure aux Actionnaires.

Au cas où l'Assemblée générale déciderait d'affecter tout ou partie de ces fonds de réserves supplémentaires et de prévoyance à l'amortissement des actions, cet amortissement se ferait, soit par voie de tirage au sort, soit par distribution égale entre toutes les actions, dans la forme et aux époques déterminées par l'Assemblée générale, sur la proposition du Conseil d'administration.

Les numéros des actions désignées par le sort sont publiés dans un journal d'annonces légales de Paris.

Après leur amortissement total, les actions de capital seront remplacées par des actions de jouissance qui, sauf le droit au premier dividende de cinq pour cent stipulé ci-dessus et au remboursement prévu à l'article 48, conféreront à leurs propriétaires tous les droits attachés aux actions non amorties, quant au partage des bénéfices et de l'actif social.

Art. 44.

Le paiement des dividendes se fait annuellement aux époques fixées par le Conseil d'administration.

Le Conseil d'administration pourra néanmoins, dans le cours de chaque année, procéder à la répartition d'un acompte sur le dividende de l'année courante.

Art. 45.

Lorsque le fonds de réserve prescrit par la loi aura atteint le dixième du capital social, le prélèvement affecté à sa formation pourra être diminué ou même suspendu par décision de l'Assemblée. Toutefois, il reprendrait son cours s'il venait à descendre au-dessous du dixième.

Art. 46.

Les intérêts et dividendes qui ne sont pas réclamés dans les cinq ans de leur exigibilité sont prescrits au profit de la Société.

TITRE X

Dissolution. — Liquidation.

Art. 47.

En cas de perte de la moitié du capital social, les Administrateurs sont tenus de provoquer la réunion de l'Assemblée générale de tous les Actionnaires à l'effet de statuer sur la question de savoir s'il y a lieu de prononcer la dissolution de la Société ; à défaut de convocation par les Administrateurs, le ou les Commissaires peuvent réunir l'Assemblée générale,

Pour cette Assemblée spéciale, tout Actionnaire a autant de voix qu'il possède d'actions comme propriétaire ou comme mandataire.

La résolution de l'Assemblée est, dans tous les cas, rendue publique.

Art. 48.

A l'expiration de la Société ou en cas de dissolution anticipée, l'Assemblée générale, sur la proposition du Conseil d'administration, règle le mode de liquidation et nomme le ou les liquidateurs ; elle peut instituer un Comité ou Conseil de liquidation dont elle détermine le fonctionnement.

Pendant la liquidation, les pouvoirs de l'Assemblée continuent comme pendant l'existence de la Société ; elle confère, s'il y a lieu, tous pouvoirs spéciaux aux liquidateurs ; elle approuve les comptes de liquidation et donne décharge aux liquidateurs.

Les liquidateurs ont pour mission de réaliser, même à l'amiable, tout l'actif mobilier et immobilier de la Société et d'éteindre le passif ; sauf les restrictions que l'Assemblée pourrait y apporter, ils ont, aux effets ci-dessus, en vertu de leur seule qualité, les pouvoirs les plus étendus, d'après les lois et usages du commerce, y compris ceux de traiter, transiger, compromettre, conférer toutes garanties, même hypothécaires, s'il y a lieu, consentir tous désistements ou mainlevées avec ou sans paiement.

En outre, avec l'autorisation de l'Assemblée générale, ils peuvent faire le transport ou la cession à tous particuliers ou à toute autre Société, soit par voie d'apport, soit autrement, de tout ou partie des droits et obligations de la Société dissoute, sauf toutefois en ce qui concerne les immeubles affectés à l'administration de la Banque à Haïti, lesquels devront être réalisés en exécution des conditions de la concession.

Toutes les valeurs provenant de la liquidation, après l'extinction du passif et le remboursement du montant des actions, appartiendront à toutes les actions par parts égales.

TITRE XI

Contestations.

Art. 49.

Toutes les contestations qui peuvent s'élever pendant la durée de la Société ou lors de sa liquidation, soit entre les Actionnaires eux-mêmes, soit entre les Actionnaires et la Société, à raison des affaires sociales, sont soumises à la juridiction des tribunaux compétents du siège social.

Les contestations touchant l'intérêt général et collectif de la Société ne peuvent être dirigées contre le Conseil d'administration ou l'un de ses membres qu'au nom de la masse des Actionnaires et en vertu d'une délibération de l'Assemblée générale.

Tout Actionnaire qui veut provoquer une contestation de cette nature doit en faire l'objet d'une communication au Président du Conseil d'administration qui est tenu de mettre la proposition à l'ordre du jour de la prochaine Assemblée générale, à condition que la communication ait été faite au moins trente jours à l'avance.

Si la proposition est repoussée par l'Assemblée, aucun

Actionnaire ne peut la reproduire en justice dans un intérêt particulier ; si elle est accueillie, l'Assemblée générale désigne un ou plusieurs Commissaires pour suivre la contestation.

Les significations auxquelles donne lieu la procédure sont adressées uniquement aux Commissaires; aucune signification individuelle ne peut être faite aux Actionnaires.

En cas de procès, l'avis de l'Assemblée doit être soumis aux Tribunaux en même temps que la demande elle-même.

En cas de contestation, tout Actionnaire est tenu de faire élection de domicile dans le ressort des tribunaux du siège social, et toutes notifications et assignations sont valablement faites au domicile par lui élu, sans avoir égard au domicile réel.

A défaut d'élection de domicile, les notifications judiciaires et extra-judiciaires sont valablement faites au Parquet du Tribunal Civil du siège social.

Le domicile élu formellement ou implicitement, entraîne attribution de juridiction aux tribunaux compétents du siège social, tant en demandant qu'en défendant.

Toutes les contestations entre la Banque et les tiers, à l'occasion d'opérations faites dans l'étendue du territoire d'Haïti, seront jugées d'après les lois d'Haïti et les décisions des Tribunaux appelés à les juger seront exécutées conformément à ces mêmes lois, sans que la Banque puisse opposer aucune exception d'incompétence. Toutes les assignations, notifications et significations seront valablement faites au siège de la Banque à Port-au-Prince.

En cas de différend entre le Gouvernement Haïtien et la Banque, la contestation sera réglée conformément aux stipulations de la concession.

TITRE XII

Société civile
des Porteurs de parts bénéficiaires

Art. 50.

I. — Comme condition essentielle de la création résultant de l'article 8 ci-dessus, des vingt mille parts bénéficiaires, il est stipulé que ces parts feront obligatoirement partie d'une Société civile ou Association qui existera entre les propriétaires futurs desdites vingt mille parts bénéficiaires, et qui sera régie par les dispositions ci-après indiquées.

II.—Cette Société civile aura pour objet de mettre en commun, réunir et centraliser tous les droits et actions pouvant être attachés aux parts bénéficiaires de telle sorte que la Société civile pourra seule et à l'exclusion des porteurs de parts individuellement :

Exercer les droits et actions attachés aux parts bénéficiaires ;

Conclure avec la Banque Nationale de la République d'Haïti tous traités et arrangements dans toutes circonstances où il y aurait lieu, notamment en cas de :

Modification dans les droits des porteurs de parts bénéficiaires, soit par suite d'augmentation ou de réduction du capital social, soit pour toute autre cause ;

Rachat des parts bénéficiaires à un prix ou des conditions autres que ceux fixés à l'article 8 ci-dessus ;

Et, d'une manière générale, représenter les porteurs de parts bénéficiaires pour la solution de toutes les questions les intéressant à un titre quelconque, sans toutefois que la

Société civile ou association, non plus que les porteurs de parts individuellement et ainsi qu'il est stipulé à l'article 8 ci-dessus, puissent s'immiscer dans les affaires de la Banque Nationale de la République d'Haïti dans l'établissement des comptes, la création des réserves, fonds de prévoyance et d'amortissement, ni avoir aucun droit d'accès aux Assemblées générales des actionnaires.

III. — Cette Société civile ou Association prendra la dénomination de :

*Association des Porteurs de Parts Bénéficiaires
de la Banque Nationale de la République d'Haïti.*

IV. — Le siège de l'association sera à Paris, rue Le Peletier, n° 14.

Il pourra être transféré par simple décision des administrateurs de ladite Association, en tout autre endroit de Paris, et même ailleurs, par décision de l'Assemblée générale des porteurs de parts. ·

V. — Cette Association existera à compter du jour où la Banque Nationale d'Haïti ne serait plus seule propriétaire des vingt mille parts bénéficiaires créées ci-dessus.

Elle ne prendra fin qu'avec l'extinction des droits appartenant aux parts bénéficiaires. Par dérogation à l'article 1865 du Code civil, la mort, la déconfiture, l'interdiction, la faillite et même la volonté d'un ou de plusieurs associés ne peuvent entraîner la dissolution de la Société civile ou Association avant l'expiration de sa durée.

La propriété d'une part bénéficiaire emportera de plein droit adhésion aux présents statuts et aux décisions de l'Assemblée générale des porteurs de ces parts.

Les droits et obligations attachés à la part suivent le titre dans quelque main qu'il passe.

Il est bien entendu que malgré la mise en commun des droits et actions attachés aux parts bénéficiaires dont il s'agit, chacun des porteurs de parts conservera la propriété personnelle et exclusive de ses titres; pourra les aliéner et traiter de gré à gré pour leur rachat avec la Banque Nationale de la République d'Haïti.

VI. — La Société civile sera représentée et administrée par un Conseil composé de trois membres, nommés, s'il y a lieu, et révocables par l'Assemblée générale des sociétaires et choisis même en dehors des sociétaires.

La durée des fonctions de chaque Administrateur sera illimitée.

Sont dès maintenant désignés comme Administrateurs de ladite Société civile, sans que cette nomination doive être soumise à l'Assemblée générale des sociétaires.

M. Charles R. Wehrung, demeurant à Paris, rue du Général-Foy, n° 37;

M. René Laënnec, demeurant à Paris, rue de Rome, n° 139;

M. Octave Duffard, demeurant à Paris, boulevard Barbès, n° 92.

VII. — En cas de décès, démission ou empêchement d'un ou de deux des Administrateurs de la Société civile, l'autre ou les deux autres exerceront seuls les pouvoirs et droits conférés par les présentes aux Administrateurs de la Société Civile, jusqu'à ce qu'il ait été pourvu, comme il va être dit, au remplacement de celui ou de ceux décédés, démissionnaires ou empêchés.

Audit cas de décès, démission ou empêchement, l'Administrateur ou les Administrateurs restés en exercice pourvoiront au remplacement de celui ou de ceux ainsi décédés, empêchés ou démissionnaires, par une déclaration faite dans un acte authentique à la suite des présentes, qui sera porté à la connaissance du Conseil d'administration de la Banque Nationale de la République d'Haïti, sans qu'il soit besoin en aucune façon du concours des porteurs de parts.

Cette désignation de un ou de deux Administrateurs nouveaux, devra être faite dans le délai de trente jours, de manière à reconstituer dans le plus bref délai un Conseil de trois membres.

Dans le même cas de décès, démission ou empêchement, des trois Administrateurs, alors qu'aucun Administrateur nouveau n'aurait été désigné comme il vient d'être dit, ou encore dans le cas où un Administrateur décédé, démissionnaire ou empêché n'aurait pas été remplacé dans le délai de trente jours ci-dessus prévu, un Conseil de trois Administrateurs sera reconstitué ou complété par la nomination d'un ou de plusieurs Administrateurs investis des mêmes pouvoirs, soit par l'Assemblée générale des porteurs de parts, soit par le Président du Tribunal civil de la Seine, sur simple requête présentée à la demande de la partie la plus diligente.

VIII. — Les Administrateurs en exercice seront investis des pouvoirs les plus étendus pour représenter la Société civile vis-à-vis de la Banque Nationale de la République d'Haïti et vis-à-vis des tiers.

Ils auront notamment les pouvoirs nécessaires à l'effet de :

Recevoir les communications et propositions de la Banque Nationale de la République d'Haïti et de son Conseil d'administration ;

Convoquer l'Assemblée générale des porteurs de parts ;

Transmettre ses décisions à la Banque Nationale de la République d'Haïti et les faire exécuter ;

Arrêter avec ladite Société toutes conventions qu'ils jugeront utiles aux intérêts des porteurs de parts bénéficiaires mises en commun, mais sous réserve de l'approbation de l'Assemblée générale des porteurs de ces parts bénéficiaires dont il va être parlé.

Exécuter toutes conventions qui auraient été autorisées par cette Assemblée;

Donner mainlevée de toutes inscriptions, saisies, oppositions, et de tous empêchements quelconques, avec ou sans constatation de paiement;

Exercer toutes actions judiciaires; représenter la Société civile en justice, tant en demandant qu'en défendant, obtenir tous jugements et arrêts, les faire exécuter;

Les Administrateurs auront la faculté de déléguer et transmettre tels pouvoirs que bon leur semblera et de constituer tous mandataires spéciaux;

Les Administrateurs se réuniront pour délibérer toutes les fois qu'ils le jugeront convenable;

Leurs décisions seront prises à la majorité des voix;

Un procès-verbal de chaque délibération sera dressé sur un registre spécial, lequel procès-verbal sera signé des administrateurs ayant pris part à la délibération.

Mais il n'y aura pas lieu de justifier aux tiers de ces délibérations, deux quelconques des Administrateurs représentant la Société civile vis-à-vis des tiers dans toutes circonstances quelconques (l'intervention d'un seul pouvant même être suffisante dans les conditions spéciales prévues au paragraphe VII ci-dessus).

IX. — L'Assemblée générale régulièrement constituée représentera l'universalité des porteurs de parts.

Elle se réunira à Paris, aux jour, heure et lieu désignés dans l'avis de convocation, toutes les fois que les Administrateurs en reconnaîtront l'utilité ou sur demande faite collectivement par trois porteurs de parts bénéficiaires.

Elle pourra être convoquée également par le Conseil d'administration de la Banque Nationale de la République d'Haïti dans le cas où les Administrateurs en exercice de la Société Civile auraient négligé de convoquer cette Assemblée dans les quinze jours de la demande qui leur en aurait été faite par ledit Conseil.

Elle se composera de tous les porteurs des parts bénéficiaires existantes et chaque membre de l'Assemblée aura autant de voix qu'il possédera de parts, soit comme propriétaire, soit comme mandataire.

Nul ne pourra se faire représenter aux Assemblées générales que par un mandataire membre lui-même de l'Assemblée ou remplissant les conditions déterminées par l'article 33 des statuts.

Les convocations devront être faites, vingt-cinq jours au moins avant la réunion, dans un journal d'annonces légales de Paris et dans le *Journal Officiel* de la République d'Haïti.

Les porteurs de parts qui voudront assister à l'Assemblée générale devront déposer leurs titres au moins huit jours à l'avance au siège de la Société Civile.

Les récépissés des dépôts des parts bénéficiaires dans un établissement de crédit agréé par le Conseil d'administration, ou dans les Caisses de la Banque Nationale de la République d'Haïti, seront reçus en représentation des titres eux-mêmes.

L'Assemblée ne pourra valablement délibérer que si les membres présents représentent par eux-mêmes ou comme mandataires les deux tiers au moins des parts bénéficiaires encore existantes.

Si, sur une première convocation, l'Assemblée ne réunit pas les deux tiers au moins des parts bénéficiaires, il pourra en être convoqué une seconde à vingt-cinq jours d'intervalle, qui délibérera valablement si elle réunit au moins la moitié des parts existantes.

Si ce second quorum n'est pas atteint, il sera convoqué une troisième Assemblée à vingt-cinq jours d'intervalle de la seconde, qui délibérera valablement, quel que soit le nombre des parts représentées.

Les résolutions de l'Assemblée générale sont prises à la majorité des membres présents ou représentés.

Les décisions de l'Assemblée générale obligeront tous les sociétaires, même absents, incapables ou dissidents.

L'Assemblée sera présidée par le plus fort porteur de parts présent et acceptant.

Les deux plus forts porteurs de parts présents et acceptants après le Président, rempliront les fonctions de scrutateurs.

Le bureau ainsi composé désignera le Secrétaire qui pourra ne pas être porteur de parts.

Le ou les Administrateurs de la Société Civile, s'ils ne sont pas sociétaires, sont admis à l'Assemblée avec voix consultative.

X. — Il sera dressé procès-verbal de la séance dans les formes ordinaires. Ce procès-verbal, et la feuille de présence émargée par tous les membres présents, seront signés par les membres du bureau.

Les copies ou extraits à produire, s'il y a lieu, de ces procès-verbaux, seront signés certifiés conformes par l'un des Administrateurs ou par l'Administrateur unique.

XI. — Les Administrateurs régleront l'ordre du jour qui devra être soumis à l'Assemblée générale ; aucun autre objet que ceux portés à l'ordre du jour ne pourra être mis en délibération.

XII. — L'Assemblée délibérera et statuera souverainement sur toutes questions quelconques pouvant intéresser la Société civile et indiquées dans les avis de convocation, et notamment sur les objets spécifiés sous le § II du présent article.

Elle peut révoquer les Administrateurs et en nommer de nouveaux ; dans ce cas et dans tous ceux prévus aux présentes, elle entendra leurs rapports et leur donnera décharge.

Elle examinera, rejettera et autorisera tous traités, transactions, compromis et modifications aux droits des parts bénéficiaires, et statuera souverainement sur toutes les questions intéressant à un degré quelconque les porteurs de ces parts.

Elle conférera aux Administrateurs tous pouvoirs supplémentaires.

Elle pourra modifier les présents statuts, mais seulement d'accord avec le Conseil d'administration de la Banque Nationale de la République d'Haïti, à ce autorisé par une Assemblée générale des Actionnaires de cette Société, réunie dans les formes et conditions prévues pour les Assemblées générales annuelles.

Les Administrateurs de l'Association ou Société civile la représenteront valablement, tant en demandant qu'en défendant, vis-à-vis de la Banque Nationale de la République d'Haïti et des porteurs de parts individuellement qui ne pourront se prévaloir de la maxime « Nul ne peut plaider en France par procureur ».

XIII. — Les frais nécessités par le fonctionnement de la Société civile ou Association seront supportés par la Banque Nationale de la République d'Haïti.

XIV. — En cas de difficultés sur l'accomplissement ou l'interprétation des conventions et stipulations contenues aux présents statuts, il sera fait attribution de juridiction aux tribunaux compétents du département de la Seine.

XV. — Les titres des parts bénéficiaires énonceront qu'elles font partie de la présente Association.

TITRE XIII

Constitution de la Société.

ART. 51.

La présente Société ne sera définitivement constituée qu'après :

1° Que toutes les actions auront été souscrites et qu'il aura été versé un quart sur chacune d'elles, ce qui sera constaté par une déclaration notariée faite par le fondateur de la Société et à laquelle sera annexée une liste de souscription et de versement contenant les énonciations légales;

2e Qu'une première Assemblée générale aura reconnu la sincérité de la déclaration notariée de souscription et de versement et nommé un ou plusieurs commissaires à l'effet de faire un rapport à la deuxième Assemblée générale sur l'apport effectué par la Banque de l'Union parisienne, les conditions de cet apport et sur la cause des avantages et attributions résultant dudit apport;

3° Qu'une deuxième Assemblée générale aura, après l'impression du rapport du ou des commissaires qui sera tenu à la disposition des actionnaires cinq jours au moins avant la réunion, statué sur lesdits apports, attributions et avantages, nommé les premiers administrateurs, le ou les commissaires des comptes et constaté leur acceptation.

Ces Assemblées seront composées et leurs délibérations seront prises suivant les prescriptions de la loi.

Par exception, ces deux Assemblées pourront être convoquées, savoir : la première, au moins deux jours à l'avance et la deuxième au moins sept jours à l'avance, par une insertion dans un journal d'annonces légales de Paris, et tout Actionnaire pourra s'y faire représenter par des mandataires même étrangers à la Société.

ACTE DE CONCESSION

(Loi du 21 octobre 1910 promulguée le 25 octobre 1910)

ARTICLE PREMIER.

Le Gouvernement accorde à la Banque de l'Union Parisienne, dans les conditions ci-dessous indiquées, le privilège de la création et de l'exploitation d'une Banque d'État, sous le titre de : « Banque Nationale de la République d'Haïti ».

ART. 2.

Cette concession est faite pour cinquante années à partir du 25 octobre 1910. Une année avant l'expiration de la concession, le Gouvernement d'Haïti et la Banque Nationale de la République d'Haïti auront la faculté de dénoncer leur intention de dissoudre la Banque. Le Gouvernement aura, dans ce cas, au moment de la dénonciation, à payer à la Banque tout ce qu'il pourra lui devoir en capital, intérêts et commissions. Ce remboursement aura lieu en francs et au pair.

La Banque, de son côté, devra liquider toutes ses dettes et retirer les billets en circulation en les remboursant en monnaie de bon aloi, ayant cours légal. Après l'expiration d'un délai de deux ans, la valeur des billets qui n'auraient pas été présentés au remboursement appartiendra à la Banque.

Dans le cas où, une année avant l'expiration de la concession, le Gouvernement ou la Banque ne manifesterait pas l'intention de la résilier, la concession continuerait de droit à exister pendant une nouvelle période de douze années et ainsi de suite. Si le capital de la Banque venait, par suite de pertes, à être réduit de moitié, les administrateurs seront tenus de provoquer la réunion de l'Assemblée générale des actionnaires à l'effet de statuer sur la question de savoir s'il y a lieu de prononcer la dissolution de la Société; si cette dissolution était prononcée, la Banque aurait le droit de renoncer, à n'importe quelle époque, à sa concession et de procéder à sa liquidation dans les conditions ci-dessus spécifiées.

En ce cas, le Gouvernement devrait dans le délai de dix-huit mois à compter de la signification qui lui serait faite de la décision prise par la Banque, lui rembourser en francs et au pair tout ce qu'il pourrait lui devoir en capital, intérêts et commissions.

Art. 3.

La Banque sera constituée en Société anonyme française, en conformité des lois françaises sur les Sociétés. Son siège social sera à Paris où se réunira son Conseil d'administration; son établissement principal sera à Port-au-Prince. La Banque en se concertant avec le Gouvernement aura la faculté d'installer des succursales et agences partout où le besoin du service l'exigerait.

Art. 4.

La Banque de l'Union Parisienne est autorisée à apporter à la Société dénommée « Banque Nationale de la République d'Haïti », la présente concession avec tous ses droits et avantages de même qu'avec toutes les obligations qu'elle comporte.

Art. 5.

Le capital de la Banque Nationale de la République d'Haïti sera de vingt millions de francs en quarante mille actions de cinq cents francs chacune, lesquelles devront conformément à la loi française être libérées d'un quart dès la constitution de la Banque, le solde devant être appelé au fur et à mesure du développement des affaires de la Banque suivant les prescriptions statutaires. Ce capital de vingt millions de francs, pourra être augmenté en une ou plusieurs fois jusqu'à soixante millions si le développement des opérations de la Banque le rendait nécessaire.

Art. 6.

La Banque sera administrée à Port-au-Prince par un ou plusieurs directeurs qui tiendront leurs pouvoirs et leurs délégations du Conseil d'administration. Il est entendu que les statuts de la Banque Nationale de la République d'Haïti contiendront une clause suivant laquelle la nomination du directeur, chargé de la gérance de l'établisment principal à Port-au-Prince, devra être immédiatement notifiée par le Conseil d'administration au Président de la République.

Art. 7.

Le Conseil d'administration aura également le pouvoir d'instituer un Comité local d'escompte auprès de la Direction à Port-au-Prince. Ce Comité ne pourra s'occuper d'autres opérations que de celles de l'escompte. Dans le cas où il ferait usage de cette faculté, il composera ce Comité comme il le décidera, en en choisissant les membres soit dans son sein, soit en dehors.

Art. 8

Le Gouvernement haïtien nommera près de la Banque un Commissaire spécial, qui sera chargé de s'assurer de la stricte exécution des conditions de la concession et dont les attributions seront étendues au contrôle de toutes les opérations du service de la Trésorerie. Le Gouvernement pourra également nommer un ou plusieurs Commissaires adjoints et un Commissaire spécial à Paris.

Les employés de la Banque seront nommés par le Conseil d'administration soit d'office, soit sur la proposition d'un directeur; ils seront recrutés et admis à tous les degrés de la hiérarchie sans distinction de nationalité et en ne tenant compte que des intérêts de la Banque et des aptitudes et qualités des employés pour les emplois auxquels ils seraient destinés. Il est entendu que la moitié des employés en Haïti devra être de nationalité haïtienne; toutefois la Banque aura seule le choix de ses employés et réglera leurs attributions. Les employés haïtiens seront exempts du service militaire tant qu'ils feront partie du personnel de la Banque et les employés étrangers seront également exempts de l'impôt de licences et patentes sur employés.

Art. 9.

La Banque aura le privilège exclusif d'émettre des billets au porteur remboursables en espèces à présentation.

Ce remboursement pourra être demandé à l'établissement de Port-au-Prince et à toutes ses succursales et agences. Les succursales et agences paieront les billets à présentation dans la mesure de leurs disponibilités et bénéficieront d'un délai de quinze jours, pour les billets non remboursés, afin de pouvoir faire venir de l'établissement principal une provision suffisante. Ces billets considérés comme monnaie, auront cours légal avec force libératoire illimitée, dans toute l'étendue de la République et seront reçus dans toutes les caisses publiques. La Banque sera tenue de procéder à cette émission de billets aussitôt qu'il lui aura été justifié par le Gouvernement que ce dernier a retiré de la circulation la moitié au moins de son papier-monnaie existant actuellement, retrait qui devra être effectué au plus tard quinze mois après le commencement des opérations de la Banque. Le montant de cette émission sera d'une valeur équivalante au minimum à deux millions de dollars et au maximum à six millions de dollars. Dans le cas d'augmentation du capital de la Banque, ce maximum pourra être élevé proportionnellement. Le Gouvernement devra retirer le solde de son papier-monnaie dans le délai maximum d'une année, après la première émission qui sera faite par la Banque de ses billets.

Art. 10.

Les billets de la Banque ne pourront être mis en circulation qu'après avoir été contrôlés, visés et signés par le commissaire spécial du Gouvernement attaché à la Banque et résidant à Port-au-Prince. Ils porteront en outre la signature de l'un des administrateurs de la Banque et d'un des directeurs de la Banque à Port-au-Prince.

Art. 11.

La Banque devra avoir en caisse, en métallique ou valeurs assimilées au métallique, le tiers du montant des
billets en circulation. Ces billets pourront être émis en
coupures de 1, 2, 5, 10, 20, 100 et 200 gourdes, toute
latitude étant laissée à la Banque pour fixer la quantité
de chacune de ces coupures. La valeur de la gourde sera
ultérieurement déterminée lorsque sera établie l'unité de
monnaie dont il est question à l'article ci-après.

Art. 12.

Dans le but de favoriser les transactions, en stabilisant
la monnaie, le Gouvernement s'engage à établir dans le
pays une unité de monnaie nationale à base d'or. A cet
effet, il fixera la valeur et la quantité des monnaies divi-
sionnaires jugées nécessaires aux besoins de la circulation.
La Banque sera chargée de l'émission de cette monnaie
divisionnaire. Il fera frapper la monnaie nouvelle par la
Direction de la Monnaie à Paris et s'en servira pour retirer le papier-monnaie de l'État en circulation et éventuellement le nickel. En attendant, le Gouvernement conservera la faculté qu'il possède actuellement de retirer le
papier-monnaie à l'aide d'or américain. Tous les détails
de ces diverses opérations : établissement de l'unité nouvelle, fixation de la monnaie divisionnaire, conditions du
retrait du papier-monnaie, frappe de la monnaie nouvelle,
fixation des coupures, circulation des monnaies étrangères,
etc... feront l'objet d'une loi qui sera exécutoire dans un
délai d'une année, après le commencement des opérations
de la Banque et pour l'élaboration et l'application de

laquelle la Banque devra donner tout son concours au Gouvernement. La Banque s'emploiera également de tout son pouvoir, pour faire admettre par l'Union latine la nouvelle monnaie nationale ainsi créée.

Art. 13.

A partir de l'établissement de la Banque et pendant toute la durée de la concession, le Gouvernement ne pourra émettre aucun papier monnaie, ni monnaie fiduciaire, ni monnaie de nickel.

Art. 14.

La Banque sera, à titre exclusif, chargée du service de la trésorerie de l'Etat tant à l'intérieur qu'à l'extérieur. A ce titre, elle recevra à l'encaissement toutes les sommes revenant à l'Etat, et notamment les droits de douane sur l'importation et sur l'exportation. De même elle effectuera, dans les limites indiquées à l'article 15 ci-après tous les paiements pour le compte de l'Etat y compris le service des intérêts et amortissements de la dette publique.

Art. 15.

La Banque, en ce qui concerne le service de la trésorerie dont elle est chargée, est comptable de deniers publics et soumise au contrôle établi par le règlement dudit service, en attendant les modifications qui pourront, dans ce sens, être reconnues nécessaires et à établir entre le Gouvernement et la Banque, dès le fonctionnement de cette dernière.

Néanmoins, les principes suivants sont d'ores et déjà arrêtés : pour le fonctionnement du service de la trésorerie, le Gouvernement donnera à la Banque, tous les ans, après son approbation par les Chambres, le budget soit ordinaire, soit extraordinaire du nouvel exercice. La Banque versera sur mandats du Gouvernement à tous les ayants droits, les montants mensuels ou autres qui correspondraient audit budget. La Banque acquittera ces mandats sur présentation au moyen des fonds de recettes de l'État, non affectés à des services spéciaux, conformément aux notifications qui lui en seront faites par le Gouvernement. Les paiements ci-dessus prévus ne seront effectués que contre remise de mandats de paiement émanant du Ministre des Finances. Ces mandats couvriront valablement la responsabilité de la Banque et serviront de pièces de trésorerie dans l'établissement de ses comptes vis-à-vis de l'État. Si le montant des fonds disponibles appartenant à l'État ne suffit pas, dans ces conditions, au paiement des mandats qui seront présentés valablement à la Banque, cette dernière devra, sur ses ressources personnelles, avancer les fonds nécessaires à l'État pour le paiement desdits mandats jusqu'à concurrence d'un montant nominal de 3.000.000 de francs qui constitueront l'avance dite statutaire. Cette « avance statutaire » sera frappée d'un intérêt calculé à raison d'un taux de 5 0/0 l'an. Le compte de l'avance statutaire totale ou partielle sera liquidé en capital et intérêts tous les quatre mois; le solde pourra, moyennant une commission spéciale de 1/2 0/0 payable immédiatement, être porté, à nouveau, sauf en ce qui concerne les intérêts qui seront payés à la fin de chaque quadrimestre. La Banque devra pour ses écritures diverses posséder deux jeux de livres, l'un portant la marque : « Banque Nationale » pour ses écritures privées, l'autre celle de : « Banque

Nationale — Gouvernement d'Haïti », pour les comptes et opérations des intéressés ; ce dernier livre devra rester soumis au contrôle du Gouvernement suivant nécessité.

Art. 16.

La Banque accepte de prêter son concours au Gouvernement pour l'établissement d'une convention budgétaire dont les bases seront arrêtées ultérieurement entre eux.

Art. 17.

En rémunération de ses services, la Banque prélèvera par le débit de l'État, au fur et à mesure des opérations, une commission de 1 0/0 sur les encaissements et de 1/2 0/0 sur les paiements à l'intérieur et à l'extérieur. Tous les frais et pertes de change pouvant résulter des mouvements de fonds à l'extérieur seront supportés de la même manière, sur justification par l'État. Ces mouvements de fonds donneront lieu, en faveur de la Banque, à une commission supplémentaire de 1/2 0/0 payable de suite. Si la pratique faisait ressortir ultérieurement la possibilité de régler forfaitairement les conditions de remise de fonds à l'étranger, une convention particulière pourra intervenir à cet égard entre le Gouvernement et la Banque. Les encaissements et les paiements de fonds s'effectueront au Bureau de la Banque soit dans son siège social, soit dans son établissement principal, soit dans ses succursales ou agences. Le mouvement des fonds pour les besoins du service courant de la trésorerie entre le siège de Port-au-Prince et ses succursales et agences sera effectué par la Banque sans frais de transport pour le Gouvernement.

Les messages télégraphiques par voie terrestre relatifs

au mouvement de fonds de la Banque seront admis en franchise par les bureaux de l'État et auront priorité de transmission sur les dépêches particulières.

Art. 18.

L'objet statutaire de la Banque sera également de faire toutes les opérations ordinaires d'une banque d'émission, de dépôts, de prêts, d'escompte et de prêts agricoles, toutes les opérations de banque en général et d'une institution de caisse d'épargne.

Art. 19.

La Banque recevra les consignations et dépôts prescrits par l'autorité administrative et judiciaire après entente spéciale avec le Gouvernement.

Art. 20.

La Banque en tant que personne civile jouira pendant toute la durée de sa concession, de tous les droits de citoyen d'Haïti. Elle pourra, en conséquence, contracter, acquérir et posséder des immeubles uniquement pour les besoins de son administration dans l'étendue du territoire d'Haïti, prendre inscription hypothécaire, exercer toutes poursuites judiciaires, défendre et généralement jouir de tous les droits accordés par la loi aux citoyens de la République d'Haïti. En cas de liquidation de la Banque, comme à l'expiration de sa concession, la Banque devra réaliser ses immeubles en Haïti au cours de sa liquidation.

Art. 21.

La Banque et ses succursales ou agences seront, pendant la durée de la concession, exemptes de tous droits de licences et de patentes existant ou à créer.

Art. 22.

Chaque mois la Banque remettra au département des Finances un état détaillé de sa situation afin d'être publié au *Moniteur officiel*. Chaque année, la Banque remettra également au même département, son rapport annuel de l'exercice écoulé.

Art. 23.

Pendant toute la durée de la concession, le Gouvernement ne pourra autoriser aucun autre établissement, banque ou particulier, à jouir des privilèges ou prérogatives semblables à ceux concédés à la Banque et énoncés aux articles 9 et 14 du présent contrat.

Il devra protéger la Banque contre toute entreprise qui pourrait porter atteinte aux droits résultant à son profit du présent contrat. Il lui accordera également la protection indispensable à la sécurité de son établissement principal et de ses succursales ou agences.

Art. 24.

En cas de différend entre le Gouvernement et la Banque, la contestation sera soumise, à Port-au-Prince, à deux arbitres nommés l'un par le Gouvernement et l'autre par la Banque.

Ils devront rendre leur décision dans le délai de deux mois.

En cas de partage, lesdits arbitres ou, à leur défaut, la partie la plus diligente seront tenus de s'adresser au Tribunal arbitral de La Haye, à l'effet de faire désigner par ce dernier un tiers arbitre, à moins que les deux premiers arbitres ne se soient mis d'accord sur le choix d'un tiers arbitre, et la décision du tiers arbitre est sans recours. Toute intervention diplomatique est formellement interdite.

Art. 25.

Toutes les contestations entre la Banque et les tiers à l'occasion d'opérations faites dans l'étendue du territoire d'Haïti, seront jugées d'après les lois d'Haïti, et les décisions des tribunaux appelés à les juger, seront exécutées conformément à ces mêmes lois, sans que la Banque puisse opposer aucune exception d'incompétence.

Toutes assignations, notifications et significations seront valablement faites au siège de la Banque, à Port-au-Prince.

IMPRIMERIE CHAIX, RUE BERGÈRE, 20, PARIS. — 3131-2-11. — (Encre Lorilleux).

BANQUE NATIONALE DE LA RÉPUBLIQUE D'HAÏTI

(SOCIÉTÉ ANONYME EN FORMATION)

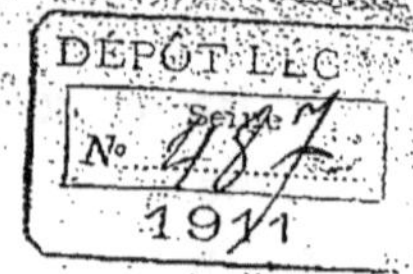

RAPPORT

DE

M. le Docteur Jacques BERGEAUD

Commissaire nommé par la première Assemblée générale constitutive

du 30 Janvier 1911.

MESSIEURS,

Vous avez bien voulu, dans votre première Assemblée générale constitutive du 30 janvier 1911, me nommer Commissaire à l'effet d'examiner la valeur de l'apport fait par la Banque de l'Union Parisienne à la Banque Nationale de la République d'Haïti, Société anonyme en formation, les conditions de cet apport ainsi que la cause des avantages stipulés par les statuts de cette Société et de vous faire un rapport à ce sujet, le tout dans les termes de l'article 4 de la loi du 24 juillet 1867.

Je viens vous donner connaissance du résultat de l'examen que j'ai fait :

I

APPORT — CONDITIONS DE L'APPORT — ATTRIBUTIONS

La Banque de l'Union parisienne, fondatrice de la Société en formation, apporte à celle-ci le bénéfice et les charges de la concession qu'elle a obtenue du Gouvernement de la République d'Haïti, du privilège de la création et de l'exploitation d'une Banque Nationale dans la République d'Haïti, ainsi qu'il résulte d'une loi en date du 21 octobre 1910, promulguée le 25 du même mois.

Comme conséquence de cet apport, la Société nouvelle profitera de tous les droits et avantages résultant de la concession apportée et sera tenue d'en exécuter toutes les conditions et obligations, le tout dans les termes de la loi ci-dessus énoncée, accordant ladite concession, de telle sorte que, d'une manière générale, la Société nouvelle se trouvera, au moyen dudit apport et à partir du jour de sa constitution définitive, substituée à la Société apporteuse dans la concession du privilège de la création et de l'exploitation d'une Banque Nationale dans la République d'Haïti.

En outre l'apport est fait sous les autres conditions suivantes :

La Société sera tenue, à partir du jour de sa constitution définitive, de prendre les lieu et place de la Banque Nationale d'Haïti pour encaisser les recettes destinées au service des emprunts extérieurs actuels du Gouvernement d'Haïti, c'est-à-dire des emprunts de 1875 et de 1896, et de transmettre à qui de droit les recettes effectuées; le tout dans les conditions où ces services étaient effectués précédemment par la Banque Nationale d'Haïti.

Elle remplira éventuellement les fonctions ci-après spécifiées se référant au service d'un emprunt dit « Emprunt extérieur 5 0/0 or 1910 » que le Gouverment de la République d'Haïti se propose d'émettre, lequel emprunt a été autorisé par une loi en date du 21 octobre 1910, promulguée le 25 du même mois, savoir :

1° Elle prêtera ses guichets pour le paiement des coupons et des titres amortis ou remboursés;

2° Elle encaissera pendant toute la durée de l'emprunt pour compte de qui de droit, les droits affectés à la garantie dudit emprunt;

3° Elle remettra mensuellement à l'établissement chargé du service de l'emprunt le produit des encaissements effectués par elle comme il est dit ci-dessus.

Si, trente jours avant chaque échéance, le produit de ces remises n'est pas suffisant pour assurer le service intégral de la semestrialité en cours, la Société, sur l'autorisation du Ministère des Finances, prélèvera, par préférence, sur les fonds de l'État Haïtien déposés dans ses caisses, comme chargée du service de Trésorerie dudit État, les sommes nécessaires pour parfaire le service intégral de l'emprunt et les remettra à l'Établissement chargé du service de l'emprunt.

4° La Société devant être chargée de tout le service de la Trésorerie de l'État Haïtien, recevra les versements des sommes revenant audit État sur le produit dudit Emprunt extérieur 5 0/0 or 1910, au cas où cet emprunt serait réalisé et les appliquera exclusivement et dans la mesure nécessaire pour chacun d'eux aux emplois auxquels elles sont destinées, aux termes de la loi du 21 octobre 1910 susmentionnée.

Enfin, la Société sera tenue, comme condition dudit apport, d'effectuer le rachat des immeubles et installations en Haïti appartenant à la Banque Nationale d'Haïti moyennant un prix principal de 200.000 francs payables comptant au moment de la réalisaton de l'acte d'acquisition.

Comme contre-partie et comme condition de l'apport, il sera attribué à la Banque de l'Union Parisienne, pour être par elle, remise comme il va être dit ci-après, 20.000 parts bénéficiaires créées sous l'article 8 des statuts et donnant droit, chacune à 1/20.000 de la part de bénéfices qui leur est réservée sous l'article 43 de ces mêmes statuts.

Cette part est de 25 0/0 du solde bénéficiaire, après prélèvement de 5 0/0 affectés à la réserve légale et de la somme nécessaire pour servir aux actionnaires 5 0/0 sur le montant des sommes dont les actions sont libérées et non amorties.

Ces parts seront remises par la Banque de l'Union Parisienne à la Banque Nationale d'Haïti, dans les trois mois de la constitution définitive de la Société nouvelle, comme contre-partie de la renonciation qui a été faite par ladite Banque Nationale d'Haïti aux droits et privilèges qui lui avaient été concédés par le Gouvernement d'Haïti et avaient été sanctionnés par un décret en date du 10 septembre 1880, laquelle renonciation a permis d'arriver à l'obtention de la concession dont le bénéfice et les charges sont apportés par la Banque de l'Union Parisienne à la Société nouvelle.

II

APPRÉCIATION DES APPORTS

Ainsi qu'il ressort de l'exposé qui précède, la concession du privilège de la création et de l'exploitation d'une Banque Nationale dans la République d'Haïti est apportée gratuitement par la Banque de l'Union Parisienne à la Société en formation.

Le privilège ainsi apporté à la Société nouvelle était précédemment concédé à la Banque Nationale d'Haïti fondée en 1880, pour une durée de cinquante ans, c'est-à-dire pour une période égale à celle de la concession qui lui avait été accordée par le Gouvernement Haïtien, aux termes d'une convention en date du 30 juillet 1880, approuvée par une loi du 10 septembre de la même année.

La Banque Nationale d'Haïti a consenti à renoncer à sa concession qui ne devait expirer qu'en 1930, moyennant notamment :

1° Le règlement définitif entre elle et le Gouvernement Haïtien de leurs réclamations réciproques, règlement auquel la Société reste complètement étrangère ;

2° Le versement d'une somme de 1.330.601 fr. 15 c. dont le Gouvernement Haïtien s'est reconnu débiteur envers ladite Banque Nationale d'Haïti ; mais la Société nouvelle n'a pas à supporter cette charge ;

3° La remise de 20.000 parts bénéficiaires de la Société nouvelle en formation, donnant droit à une participation de 25 0/0 dans les bénéfices de ladite Société nouvelle, après prélèvement de la réserve légale et du premier dividende de 5 0/0 sur le capital libéré et non amorti de chaque action ;

4° L'obligation pour la Société nouvelle de racheter à l'ancienne Banque nationale d'Haïti, pour un prix global de 200.000 francs les immeubles et les installations qu'elle possède dans la République d'Haïti.

L'apport de la Banque de l'Union Parisienne a lieu à la charge par la Société nouvelle d'exécuter, en outre des obligations qui sont rappelées ci-dessus, toutes les conditions résultant de la concession également rappelées dans l'exposé qui précède, lesquelles conditions comportent notamment l'obligation d'effectuer le service des emprunts du Gouvernement Haïtien de 1875 et 1896 et de l'emprunt extérieur 5 0/0 or 1910 que le Gouvernement se propose d'émettre incessamment.

La renonciation à sa concession faite par l'ancienne Banque Nationale d'Haïti, renonciation qui était nécessaire pour l'obtention du privilège apporté à la nouvelle Société, prive l'ancienne banque des profits qu'elle aurait pu faire jusqu'en 1930, date de l'expiration de son privilège.

Il résulte des renseignements qui m'ont été fournis, que, si l'on considère les bénéfices réalisés par cette Banque pendant la période active de son exploitation, les 20.000 parts bénéficiaires qui doivent lui être remises par la Banque de l'Union Parisienne ne constituent qu'une juste indemnité pour tenir compte à ladite Banque Nationale d'Haïti de la renonciation qu'elle a faite à son privilège.

Les propriétés de la Banque Nationale d'Haïti, à Port-au-Prince, se composent de deux groupes, sis dans la rue des Magasins-de-l'État.

Le premier se compose d'un terrain d'environ 15 mètres de profondeur sur 4 mètres de façade, sur lequel sont établies des constructions en bois servant de remises et d'écuries.

Le second groupe dans lequel sont installés les services de la Banque se compose de trois immeubles réunis en deux corps de bâtiments séparés par un mur mitoyen. Sa façade à l'est mesure 41 mètres et celle du nord 29 mètres; la profondeur au sud est de 53 mètres sur 12 mètres de large.

Le premier de ces immeubles est une maison à un étage soutenue par des piliers de fonte dont la charpente est en fer. Les murs sont en briques, à l'épreuve du feu, et la toiture est constituée par une charpente en fer supportant un toit en tôle. Les portes sont aussi en fer. Cet immeuble est loué en partie au commissariat spécial près la Banque. Au fond de la cour de cet immeuble se trouve un dépôt en briques, couvert de carreaux cimentés formant terrasse. Les portes de ce dépôt sont également en fer.

Dans le second immeuble se trouve, au rez-de-chaussée, une partie des bureaux de la Banque. Au premier, sont installés les bureaux de la Direction. Dans le troisième immeuble couvert par une terrasse en ciment se trouvent des bureaux pour le service de la Banque. Tous ces bâtiments sont construits en pierre, brique et fer, sauf une légère construction en bois recouverte en tuiles et en tôles.

Les deux derniers locaux proprement dits où sont installés les bureaux et les coffres pour location sont *fire proof* et, par conséquent, présentent une entière sécurité contre l'incendie dans une ville si fréquemment dévastée par le feu.

Les installations comportent les meubles, coffres et agencements divers nécessaires à l'exploitation de la Banque, tant à Port-au-Prince que dans le local de la succursale du Cap-Haïtien, ainsi que les coffres se trouvant dans les agences.

D'après les indications qui m'ont été données, ces immeubles et installations figurent au Bilan de l'exercice 1909 de la Banque Nationale d'Haïti pour une somme de 529.778 francs après avoir subi un amortissement de 425.000 francs. La Société nouvelle est tenue de les acquérir pour une somme de 200.000 francs. La nouvelle Banque aurait été assurément obligée d'effectuer des dépenses beaucoup plus considérables si elle avait dû acquérir d'autres immeubles.

De plus, elle n'aurait pas eu des installations toutes prêtes pour l'affectation de ses différents services.

Nous en concluons que la condition ainsi imposée à la Société nouvelle lui procure un bénéfice certain et constitue pour elle un avantage appréciable.

En ce qui concerne l'obligation d'effectuer le service des emprunts de 1875 et de 1896, et, éventuellement de l'emprunt extérieur 5 0/0 or 1910, je considère que cette condition sera une source de bénéfices, plutôt qu'une charge pour la Société nouvelle.

CONCLUSION

En résumé, il résulte de tout ce qui précède que l'apport fait par la Banque de l'Union Parisienne à la Société et les conditions sous lesquelles il est effectué sont avantageuses pour elle, et j'estime que les avantages et attributions qui en sont la conséquence sont justifiés.

En conséquence, je vous propose d'approuver purement et simplement lesdits apports, ainsi que les attributions ou avantages stipulés aux statuts de la Société nouvelle en formation.

III

Aux termes de l'article 43 des statuts, il est attribué au Conseil d'administration 10 0/0 du solde des bénéfices, après le prélèvement de la réserve légale et du premier dividende de 5 0/0 aux actions.

Cette attribution est conforme aux usages et me paraît une juste rémunération des fonctions incombant au Conseil d'administration dans une affaire de cette nature et de cette importance.

Je vous propose donc également de donner votre approbation pure et simple à cet avantage stipulé au profit du Conseil d'administration de la Société nouvelle.

Fait à Paris, le 31 janvier 1911.

Le Commissaire,

BERGEAUD.